Inhalt

Personalmarketing - neue Strategien in Zeiten des Aufschwungs

Kernthesen

Beitrag

Fallbeispiele

Weiterführende Literatur

Impressum

Personalmarketing - neue Strategien in Zeiten des Aufschwungs

G.Dengl

Kernthesen

- Der Konjunkturaufschwung führt dazu, dass Unternehmen nur schwer geeignetes Personal finden.
- Durch passgenaues Personalmarketing versuchen Unternehmen sich auf dem Arbeitsmarkt zu profilieren und entdecken dabei neue Strategien.
- Internet und Second-Life gewinnen so an Bedeutung und werden als Personalmarketingmaßnahme unabdingbar.

Beitrag

Das Personalmarketing gewinnt immer mehr an Bedeutung, da das Recruiting von qualifiziertem Personal, besonders in den begehrten Berufen immer schwieriger wird. Die Unternehmen möchten sich voneinander abheben und erreichen dies durch neue Personalmarketingstrategien.

Ein klares Unternehmensprofil ist entscheidend

In der Phase der Konjunkturschwäche haben viele Unternehmen Ihre Recruitingaktivitäten heruntergefahren und weitestgehend auf ein Personalmarketing verzichtet. Die Folge davon ist ein geringer Bekanntheitsgrad bei den Bewerbern. Jetzt gilt es, durch ein ganzheitliches Personalmarketing und das Erschaffen einer attraktiven Arbeitgeber-Marke auf sich aufmerksam zu machen. (2), (8)

Personalmarketing auf

verschiedenen Ebenen

Die Unternehmen greifen in der Boomzeit trotzdem auch auf bewährte Strategien zurück. Dazu gehört die Teilnahme an Hochschulveranstaltungen, die Organisation von Bewerbertagen, das Erstellen von Imageanzeigen oder das Sponsoring eines Vorlesungsverzeichnisses. Andererseits reicht dies nicht mehr aus, um die Internetaffinen Berufsstarter zu überzeugen. So wurden Internet-basierte Strategien entwickelt, um diese wachsende Gruppe von Bewerbern gezielt anzusprechen. (1), (2)

Personalsuche mit Internet & Co.

Durch das Internet hat die Onlinestellenanzeige an Bedeutung gewonnen. Unternehmen haben jetzt die technische Möglichkeit in einer Stellenanzeige gleichzeitig Videostreams unterzubringen. Der Bewerber kann sich so im Vorfeld auf Video seinen zukünftigen Arbeitsbereich ansehen. Weiterhin besteht die Möglichkeit zu einer Verlinkung zu einem Bewerberforum oder direkt zum zuständigen Personalreferenten, um vielleicht erste Fragen stellen zu können. Videos werden auch genutzt, um ganze Abteilungen eines Unternehmens vorzustellen. Ziel ist, dem Bewerber so authentisch wie möglich seinen zukünftigen Arbeitsplatz und auch seine möglichen Arbeitskollegen vorzustellen. Videostellenanzeigen werden inzwischen von großen Online-Stellenbörsen wie Stepstone oder Stellenanzeigen.de angeboten. Diese unterstützen die Unternehmen zusätzlich beim Videodreh.

Auch Podcasts haben sich mittlerweile bei Firmen wie IKEA und Fraport durchgesetzt. Bewerber dürfen dort die Audiobeiträge abonnieren, sie direkt auf Ihrem Rechner anhören oder sie auf ein tragbares Gerät überspielen.

Sucht jemand mit Hilfe einer Suchmaschine oder bei Google einen bestimmten Begriff, werden bei der Auflistung der Suchergebnisse auch kleine verlinkte Werbetexte angezeigt. Diese werden Adwords genannt und sind eine kostengünstige Möglichkeit für Firmen, ihren Bekanntheitsgrad zu erhöhen. (1)

Mitarbeiter als Recruiter

Viele Unternehmen setzen inzwischen bei der Suche nach qualifiziertem Personal auf ihre eigenen Mitarbeiter und starten ein firmeninternes Recruiting oder nutzen Programme wie das Mitarbeiter werben Mitarbeiter. SAP und E.on sind dabei dies umzusetzen. Aber auch Banken wie z.B. die Citibank oder die Comdirect Bank und das Beratungsunternehmen Accenture nutzen bereits ihre Mitarbeiter als Recruiter. Für jeden empfohlenen Bewerber, der eingestellt wurde, gibt es eine Prämie. Dabei variiert die Höhe von 100 Euro bis zu 2 500 Euro. Für fünf erfolgreich vermittelte Bewerber schenkt KPMG seinen Mitarbeitern sogar zusätzlich eine einwöchige Reise. Accenture und die Citibank besetzen so rund 1520 Prozent ihrer offenen Stellen. Außerdem ist die Einstellung aufgrund einer Empfehlung wesentlich kostengünstiger als z.B. eine Anzeige in einer Tageszeitung. (7)

Auswahlprozess und Bewerbermanagement sind bereits Personalmarketing

Das Bewerbermanagement und der Auswahlprozess hat zwar in den meisten Unternehmen eine hohe Bedeutung, wird aber oft nicht als Personalmarketingmaßnahme gesehen. Dabei ist ein freundliches Absageschreiben oder ein transparentes Assessmentcenter auch eine Visitenkarte nach außen. Studien belegen, dass ein Bewerber, der den

Auswahlprozess nicht akzeptiert, über die Bewerbungssituation hinaus ein schlechtes Bild von der Firma hat. Dabei spricht man von spillover-Effekten, die sich von der negativen Meinung über das Unternehmen, bis zum Konsumentenverhalten auswirken können. IBM hat zu diesem Thema eine Studie vorgelegt. Von Vorteil für die Firma ist, wenn es Feedbackbögen für die Bewerber einsetzt und die Beurteilungskriterien der Assessmentcenterübungen offen legt. Dies führt zu einer erhöhten Akzeptanz des Auswahlprozesses und schließt negative Bewertungen seitens der Bewerber aus. (9)

Fallbeispiele

TMP Worldwide nutzt Second-Life als virtuelle Plattform

TMP Worldwide begreift die virtuelle Welt Second-Life als Personalmarketingmaßnahme und hat mit TMP-Island eine Möglichkeit für Unternehmen geschaffen, sich zu präsentieren. Diese können dort z.B. Einführungstage und Bewerbermessen veranstalten und Ihr Unternehmen durch Vorträge vorstellen. Auch T-Mobile USA rekrutiert bereits mit Hilfe von Second-Life. Im Übrigen ist Deutschland die drittgrößte Nutzernation nach den USA und Frankreich. (1), (3)

Siemens geht neue Wege

Die Siemens AG nutzt Weblogs, sogenannte digitale Tagebücher, um geeignete Kandidaten mit speziellen Kenntnissen zu akquirieren. Sobald das Unternehmen für sich interessante Blogs ausmacht (z.B. mit dem Thema Eisenbahn), wird sofort nachgefragt, ob ein spezieller Link gesetzt werden darf, der direkt zur Online-Bewerbung einer Stellenanzeige führt. So kann Siemens gezielt hochqualifiziertes Personal ansprechen. Weiterhin ist geplant, zukünftig auch Videos als Personalmarketingmaßnahme einzusetzen. D.h. dass unterschiedliche Arbeitsbereiche im Internet über Video vorgestellt werden. (1)

Ausbildungsmarketing ist auch Personalmarketing

Die Johann Hay GmbH & Co. KG, ein

Automobilzulieferer mit über 1 200 Mitarbeitern hat seinen Bekanntheitsgrad in der Region Rhein/Main mit passgenauem Personalmarketing erhöht und kann nun wieder seine Ausbildungsstellen mit geeignetem Personal besetzen. Dank einer vorangegangenen Analyse des Unternehmens und der gewünschten Zielgruppe, wurde regionale Bandenwerbung bei Fußballspielen geschaltet, Busse und Haltestellen entsprechend plakatiert und auch Aushänge an Schulen platziert. Durch diese Maßnahmen erhöhte sich die Bewerberzahl im Jahr 2007 um 40% im Vergleich zum Jahr 2005. So konnten alle Ausbildungsstellen für das Jahr 2007 vergeben werden. (6)

Weiterführende Literatur

(1) Personalsuche mit Google und Co.
aus PERSONALmagazin, Heft 06/2007, S. 48

(2) Im Wettbewerb um junge Talente
aus Frankfurter Allgemeine Zeitung, 29.08.2007, Nr. 200, S. B8

(3) Personalarbeit in der virtuellen Welt
aus PERSONALmagazin, Heft 05/2007, S. 40

(4) Frühzeitiges Personalmarketing beginnt in der Oberstufe
aus PERSONALmagazin, Heft 05/2007, S. 8

(5) Jobmarkt im Höhenflug Dicke Brieftasche
aus HANDELSBLATT online 23.08.2007 07:15:40

(6) Mit Botschaften punkten
aus PERSONALmagazin, Heft 08/2007, S. 38

(7) Obermeier, Birgit, Recruiting Kopfgeld für
Kollegen, Focus-Money, 21.03.07, S. 062
aus PERSONALmagazin, Heft 08/2007, S. 38

(8) Kommt zu uns!
aus Frankfurter Allgemeine Zeitung, 25.08.2007, Nr. 197, S. C5

(9) Wissen, was gefordert wird
aus PERSONALmagazin, Heft 08/2007, S. 20

Impressum

Personalmarketing - neue Strategien in Zeiten des Aufschwungs

Bibliografische Information der deutschen Nationalbibliothek

Die Deutsche Nationalbibliothek verzeichnet diese Publikation in der deutschen Nationalbibliografie; detaillierte bibliografische Daten sind im Internet über http://dnb.d-nb.de abrufbar.

ISBN: 978-3-7379-1233-4

© 2015 GBI-Genios Deutsche Wirtschaftsdatenbank GmbH, Freischützstraße 96, 81927 München, www.genios.de

Alle Rechte vorbehalten. Dieses Werk ist einschließlich aller seiner Teile – z.B. Texte, Tabellen und Grafiken - urheberrechtlich geschützt. Jede Verwertung außerhalb der Grenzen des Urheberrechtsgesetzes bedarf der vorherigen Zustimmung des Verlags. Dies gilt insbesondere auch für auszugsweise Nachdrucke, fotomechanische

Vervielfältigungen (Fotokopie/Mikroskopie), Übersetzungen, Auswertungen durch Datenbanken oder ähnliche Einrichtungen und die Einspeicherung und Verarbeitung in elektronischen Systemen.